ASSOCIATION FRANÇAISE

POUR

L'AVANCEMENT DES SCIENCES

CONGRÈS DE NANTES

1875

M

PARIS

AU SECRÉTARIAT DE L'ASSOCIATION

76, rue de Rennes.

Association Française pour l'avancement des Sciences

M. Le Dr Alf. HOUZÉ DE L'AULNOIT

Professeur à l'École de médecine de Lille.

RÉGLEMENTATION DE LA FORCE DE PRESSION DES BANDES ET DES TUBES ÉLASTIQUES DESTINÉS A PRODUIRE L'ISCHÉMIE PROVISOIRE, D'APRÈS LA MÉTHODE D'ESMARCK

— Séance du 24 août 1875. —

La méthode d'Esmarck a été, dès son apparition, l'objet d'un accueil sympathique de la part de tous les chirurgiens. Avec l'usage, on ne tarda pas à constater les graves complications engendrées par le garot, tels que : contusion des muscles, déchirures de leurs gaînes celluleuses, paralysie des nerfs vaso-moteurs, hémorrhagie en nappe à la surface des plaies et gonflement d'abord congestif, puis inflammatoire des masses musculaires écartant, après l'opération, les lambeaux et les rendant insuffisants. A la stupeur produite par la constriction, succéda même, chez un grand nombre d'opérés, la gangrène des parties molles.

Devant de si graves conséquences, plusieurs chirurgiens se décidèrent à renoncer aux avantages de l'ischémie provisoire par le procédé d'Esmarck et revinrent à la compression digitale, qui, bien faite, ne prive les malades que d'une bien faible quantité de sang.

Ayant été témoin, dans plusieurs de mes amputations, des effets dangereux des tubes ou des bandes élastiques, je me suis demandé si on n'exagérait pas le degré de constriction et s'il n'y aurait pas possibilité de soumettre à des données précises et même mathématiques la force que réclame l'oblitération des systèmes artériel et veineux.

Opérant surtout sur des enfants, j'en vins à repousser l'emploi du tube pour adopter la simple bande en caoutchouc.

La réglementation de cette bande exigeait plusieurs expériences.

Tout d'abord, j'eus recours à des injections dans le système artériel de cadavres dont j'avais amputé les membres avant de les comprimer avec le tissu élastique. Desserrant alors le lien constricteur jusqu'au moment où apparaissait le liquide, je reconnus qu'il fallait relativement très-peu de puissance pour oblitérer les vaisseaux.

La longueur qu'avait acquise la bande enroulée sur la cuisse, la jambe, le bras, me donna ainsi la tension minima nécessaire à la production de l'ischémie.

J'ai renouvelé ces mêmes expériences sur le vivant ; et, au lieu d'injection comme criterium, j'adoptai la pulsation artérielle.

Après avoir engagé un aide à maintenir son doigt sur l'artère radiale, je serrai la bande sur le bras jusqu'à ce qu'il ne perçût plus les battements du vaisseau. J'en fis de même pour la cuisse. Il me fut alors facile de reconnaître qu'avec une bande type, d'une longueur de 0ᵐ 60 centimètres, d'une largeur de 0ᵐ 04 centimètres, et d'une épaisseur de 0ᵐ 0013, les allongements correspondaient, pour la cuisse, à une tension égale à celle d'un poids de 2,200 grammes, et pour le bras, à celle de 1,500 grammes.

Pour les enfants et les femmes, la tension était réduite d'un tiers au moins.

J'eus donc l'idée de faire des tableaux établissant les allongements d'un certain nombre de bandes variables par leur longueur, leur largeur et leur épaisseur à l'aide de poids placés successivement à une de leurs extrémités, en ayant soin de commencer par un hecto et d'aller ainsi progressivement en augmentant les charges jusqu'à la rupture des bandes.

Mettant en regard sur une même ligne l'allongement et le poids correspondant, il devient très-simple de reconnaître quelle longueur on doit imprimer à la bande pour l'ischémie de la cuisse ou du bras.

Avec ces tables ainsi dressées, il suffit, pour savoir le nombre de tours à faire autour d'un membre, de diviser la longueur de la bande par la circonférence du membre.

En effet, avec la bande-type, le poids de 2,200 grammes donnant une longueur de 1ᵐ 74, et la circonférence de la cuisse étant de 0ᵐ 50, on n'a qu'à diviser 1ᵐ 74 par 0ᵐ 50 ; le quotient 3 et demi, révélé, indiquera le nombre de circulaires.

Pour le bras, on aura recours à la même méthode.

Voici les résultats de quelques-unes de mes expériences qui permettront d'apprécier la manière d'opérer :

EXPÉRIENCES SUR LE DEGRÉ DE TENSION QU'EXIGE AVEC LA BANDE TYPE L'ISCHÉMIE DE LA CUISSE ET DU BRAS.

Première expérience à l'hôpital Saint-Sauveur sur la cuisse d'une femme âgée de 25 ans, d'un embonpoint modéré, mesurant à sa partie moyenne 0ᵐ 43 centimètres de circonférence.

Avant de procéder à l'ischémie; je déclare à plusieurs confrères ainsi qu'à des élèves de mon service que le nombre de centimètres, placé en regard du poids 2200 grammes, doit indiquer la longueur qu'il faudra imprimer à la bande pour obtenir l'oblitération du système artériel.

Consultant le tableau ci-joint, nous trouvons, comme chiffre correspondant à ce poids, 1^m 74 centimètres.

Divisant alors cette longueur par les 0^m 43 qui mesurent la circonférence, nous obtenons 4.

Ce chiffre 4 représente le nombre de tours que nous devrons pratiquer sur le membre.

M. Breton, chirurgien-major, tient son doigt appliqué sur l'artère pédieuse; il sent manifestement ses pulsations. Après avoir appliqué les quatre tours circulaires de la bande, la peau de la jambe prend une teinte cadavérique, et notre confrère nous déclare ne plus sentir les battements de l'artère.

Toute circulation est en effet anéantie.

Pour obtenir ce résultat, nous n'avons dû faire éprouver à cette bande qu'une tension en rapport avec celle qu'aurait pu lui imprimer un poids de 2200 grammes.

DEUXIÈME EXPÉRIENCE.

Nous agissons ensuite sur le bras droit de cette même malade, lequel mesure 0^m 25 de circonférence.

Je déclare que l'allongement qu'on doit faire subir à notre bande doit être égal à celui que lui ferait éprouver un poids de 1400 à 1500 grammes. On consulte le tableau et on trouve que pour 1400 grammes la longueur est de 1^m 02.

La division de 1^m 02 par les 25 centimètres de la circonférence du bras donnant 4, ce chiffre nous représente le nombre de tours circulaires à appliquer autour du membre.

Un des assistants tient sous son doigt l'artère radiale. A peine la bande s'est-elle enroulée quatre fois sur la circonférence de la partie moyenne du bras, que les battements de l'artère radiale disparaissent ; le membre est complétement anémié. Sa coloration est d'un blanc mat.

Desserrant ensuite la bande et ne lui faisant faire que trois tours, on sent les pulsations artérielles ; les veines se gonflent et la peau prend alors une teinte bleuâtre.

Trois tours représentent une longueur de 0^m 75.

Nous recherchons à quel poids correspond cette nouvelle tension et nous lisons 700 grammes, chiffre insuffisant pour l'oblitération artérielle, mais qui pourrait être utilisé pour la phlébotomie.

Désireux d'apprécier la différence que pourraient apporter les vêtements à l'action compressive du tissu élastique, nous entourons de nouveau le bras recouvert de la chemise et de la manche de la robe de quatre tours circulaires. Par suite de l'épaisseur des vêtements, la circonférence ayant augmenté de deux centimètres, la bande arrive à une longueur de 1^m 08 au lieu de 1^m 02. D'après le tableau, cette longueur correspond à une tension de 1500 grammes environ.

Sous cette pression, l'ischémie a été complète.

Ainsi donc, malgré les vêtements, on peut obtenir l'anémie d'un membre sans élever sensiblement la force de compression.

Si on agissait sur la cuisse revêtue d'un pantalon, au lieu de 0^m 43, on aurait 0^m 50.

En admettant trois tours et demi, la tension équivaudrait à 2,200 grammes, chiffre correspondant sur le tableau à la longueur à 1^m 74.

Pour quatre tours ou deux mètres, le poids serait de 2500 grammes.

Sous tous les rapports, cette bande me paraît être suffisante pour obtenir l'arrêt de la circulation de la cuisse et du bras, et je pense qu'on pourrait avantageusement l'adopter comme bande-type.

En la confiant aux officiers, sous-officiers et ambulanciers lors d'une entrée en campagne, elle sauverait bien des malheureux qui meurent d'hémorrhagie sur le champ de bataille, avant que les chirurgiens ne puissent leur porter des secours.

La recommandation aux personnes étrangères à l'art de guérir qui posséderaient cette bande, pourrait se réduire à ces quelques mots :

Trois circulaires et demi pour la cuisse et quatre pour le bras; de manière à arriver dans le premier cas pour une circonférence de 0^m 50, à une tension égale de 2200 grammes environ, et dans le second à 1500 grammes pour une circonférence de 0^m 25 centimètres.

BANDE TYPE

Allongements imprimés à une bande type ayant servi à de nombreuses expériences d'une longueur de 0^m 60, d'une largeur de 0^m 04, et d'une épaisseur de 0^m 0013, par les poids suivants :

POIDS en GRAMMES.	LONGUEURS.	POIDS en GRAMMES.	LONGUEURS.	POIDS en GRAMMES.	LONGUEURS.
0	0^m 60	1.400	1^m 02	2.800	2^m 40
100	0 61	1.500	1 10	2.900	2 48
200	0 63	1.600	1 17	3.000	2 54
300	0 65	1.700	1 25	3.250	2 70
400	0 67	1.800	1 33	3.600	3 00
500	0 69	1.900	1 43	4.000	3 32
600	0 71	2.000	1 52	4.900	3 60
700	0 74	2.100	1 65	6.000	3 90
800	0 77	2.200	1 74	6.900	4 20
900	0 80	2.300	85	7.500	4 50
1.000	0 83	2.400	1 95	8.200	4 80
1.100	0 87	2.500	2 04		Rupture de la bande.
1.200	0 91	2.600	2 15		
1.300	0 97	2.700	2 24		

De ce tableau, on peut obtenir la projection suivante qui permettra d'apprécier les différences des tensions qu'exige un allongement suc-

cessif de 0ᵐ 30, c'est-à-dire de la moitié de la longueur de la bande
type :

*Projection des tensions et allongements successifs d'une bande type
longue de 0ᵐ 60, large de 0ᵐ 04 et épaisse de 0ᵐ 0013 soumise à
des poids de 0ᵍʳ à 8,200ᵍʳ.*

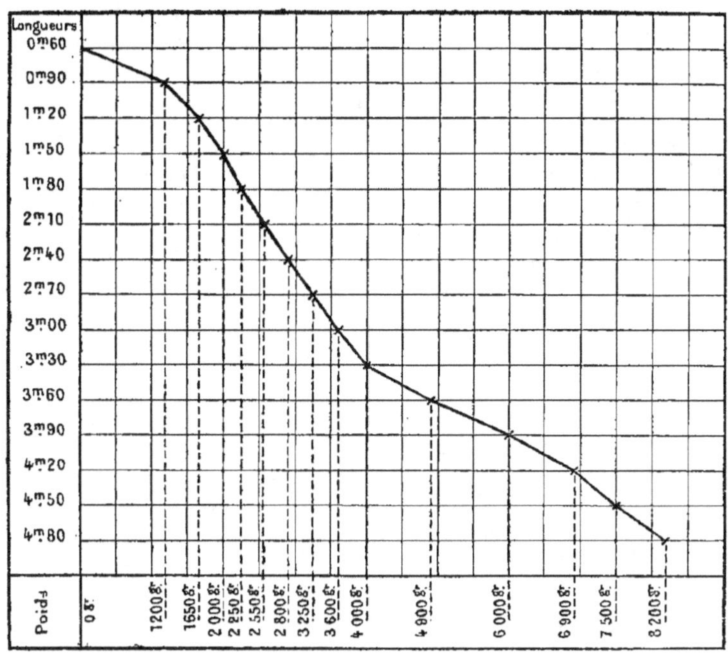

Fig. 96.

LOI DES ALLONGEMENTS DES BANDES ÉLASTIQUES

En parcourant tous les recueils de physique publiés en Allemagne et
en France, je n'ai trouvé qu'un seul physicien qui ait eu l'idée d'apprécier l'élasticité d'une bande en caoutchouc à l'aide de poids. C'est un
Allemand du nom de Dietzel.

Ce savant, en 1857, fit paraître un travail résumant ses recherches
sur ce sujet. Voici comme il procédait : à l'extrémité d'une bande de
caoutchouc d'une longueur de 917 millimètres et offrant une surface
d'un tiers de pouce carré, il plaçait successivement 1 gramme jusqu'à
29 grammes, en ayant soin d'enregistrer les allongements produits par
chaque gramme, puis il opérait en sens inverse en retirant un gramme
à la fois ; ce qui lui permit de dresser une table contenant les allongements et les raccourcissements successifs de sa bande.

De ces expériences il conclut :

1° Que les allongements sont proportionnels aux charges, mais qu'ils croissent dans un rapport plus rapide que les charges ;

2° Que lorsque les allongements permanents se sont produits, le caoutchouc se laisse distendre de nouveau par des poids, mais les dilatations élastiques sont plus grandes que dans les cas précédents.

Ce travail peut intéresser au point de vue de la loi, mais ne nous apprend rien sur le degré de tension que peuvent éprouver des bandes enroulées autour d'un membre. — C'est une simple recherche de cabinet dont ne pouvait profiter l'ischémie.

FORMULE. — D'après M. Boussinecq, professeur de mathématiques à la Faculté des sciences de Lille, qui a eu la bonté de résoudre le problème de la pression sur un membre, d'une bande élastique, voici quelle serait la formule en grammes de la pression pour un centimètre de longueur du tissu constricteur :

$$P \times D = 2\,T.$$
$$\text{ou} \quad P = \frac{2\,T.}{D}$$

En appliquant cette formule aux chiffres adoptés plus haut, on aurait, pour une cuisse d'une circonférence de 0ᵐ 50 :

$$1° \text{ Cuisse } T = 2{,}200 \quad C = 50$$

$$\text{d'où } P = \frac{6{,}3 \times 2200}{50} = \frac{6{,}3 \times 4400}{100} = 6{,}3 \times 44 = 277 \text{ gr.}$$

et pour un bras d'une circonférence de 0ᵐ 27 :

$$2° \text{ Bras } T = 1500 \quad C = 27$$

$$\text{d'où } P = \frac{6{,}3 \times 1500}{27} = \frac{2{,}1 \times 1500}{9} = \frac{0{,}7 \times 1500}{3} = 0{,}7 \times 500 = 350 \text{ gr.}$$

Pour la cuisse, la bande décrivant trois tours et demi, cette force vaudra :

2 fois 2200 $\times$ 3,5 ou 2200 $\times$ 7 = 15,400.

Pour le bras : 2 fois 1500 $\times$ 4 = 12 kilos.

La même formule indiquera la constriction de la bande destinée au refoulement du sang.

PROPRIÉTÉS DE LA BANDE TYPE PROPOSÉE

Cette bande devrait avoir une longueur de 0ᵐ 60 centimètres, une largeur de 0ᵐ 04 centimètres et une épaisseur de 0ᵐ 0013.

Elle devrait être en caoutchouc brun, son tissu devrait résister à une tension faite avec un poids de 8 kilos 200 grammes.

Sous ce poids, sa longueur devrait atteindre 4ᵐ 80 cent., sans présenter de déchirures ; sa largeur se réduire à 9 millimètres et son épaisseur à un tiers de millimètre.

Après avoir été soumise à cette expérience, la bande ne devrait pas présenter, abandonnée à elle-même, une augmentation de longueur de plus de quatre centimètres.

Je ne me suis occupé que de la bande qui doit servir de garrot, n'ayant pas cru utile de rechercher la force compressive de la bande destinée au refoulement du sang.

En effet, d'après les tableaux que j'ai dressés pour connaître cette force, il suffit d'enregistrer la longueur de cette dernière bande et de voir à quel poids correspond son allongement.

Un moyen très-simple de constater l'allongement consisterait en l'application d'un fil le long des circulaires au fur et à mesure qu'on leur ferait subir des spirales sur le membre.

La longueur du fil indiquerait celle éprouvée par la bande.

CONCLUSIONS

De cette étude il résulte :

1° Que des bandes et des tubes en caoutchouc, soumis à des allongements successifs, à l'aide de poids placés à une de leurs extrémités, nécessitent, au début et à la fin de leurs allongements, des charges considérables, mais non proportionnelles ;

2° Que leurs allongements diffèrent suivant la longueur, la largeur, l'épaisseur des bandes et des tubes, le temps plus ou moins long qu'on met à les charger, et la température ;

3° Qu'ils peuvent éprouver, avant de se rompre, un allongement cinq à six fois supérieur à leur longueur primitive et supporter des poids de 7 à 8 kilos, en admettant des bandes d'une longueur de 0ᵐ 50 à 1ᵐ, d'une largeur de 0ᵐ 025 à 0ᵐ 05, et d'une épaisseur de 0ᵐ 0013 ; ou un tube d'une longueur de 1ᵐ et d'une circonférence de 0ᵐ 06 ;

4° Qu'il est possible, en consultant le tableau où se trouvent consignés les rapports des poids aux longueurs correspondantes, de se faire une idée de la force de tension qu'ils exercent sur les membres ;

5° Que pour oblitérer la circulation de la cuisse, il suffit de donner à la bande type une longueur égale à celle que pourrait lui imprimer un poids de 2,000 à 2,200 grammes ; et, pour arriver à l'ischémie du bras, un allongement égal à celui d'un poids de 1,500 grammes ; ce qui produit dans le premier cas une pression de 15 kilos 400 grammes, et dans le second, de 12 kilos ;

6° Qu'en outrepassant cette force de tension, on peut produire des désordres graves sur les membres, désordres qu'on peut résumer avant l'opération : en une contusion du système musculaire ; déchirures des gaînes celluleuses ; stupeur du moignon et paralysie des vaso-moteurs ; immédiatement après l'opération : en un écoulement sanguin à la surface de la plaie, semblable à celui d'une pomme d'arrosoir, par suite de la perte de contractilité des muscles et des petites artères ; et enfin pendant la période de cicatrisation : en des abcès inter-musculaires ou interfibrillaires ; hémorrhagies passives, souvent secondaires, et ulcères de la peau dans les points correspondant aux tissus divisés ;

7º Qu'il est toujours facile, avec de simples bandes en caoutchouc, offrant les dimensions citées plus haut, de produire l'ischémie de la cuisse ou du bras ;

8º Qu'il y aurait un immense avantage à fournir aux sous-officiers et ambulanciers, lors d'une entrée en campagne, une bande type qu'ils pourraient facilement appliquer sur les blessés en cas d'hémorrhagie, jusqu'au moment de l'arrivée d'un chirurgien ;

9º Que cette bande serait suffisante pour atteindre ce but, si on lui donnait une longueur de 0^m 60, une largeur de 0^m 04, et une épaisseur de 0^m 0013. Pour une cuisse, on devrait l'enrouler, suivant sa circonférence, trois ou quatre fois autour du membre, et pour le bras, quatre fois ; cette tension, correspondant à des poids de 2,000 grammes et 1,500 grammes, peut être considérée comme une tension minima pour obtenir l'ischémie dans les cas d'amputation ou d'hémorrhagie sur les champs de bataille, sur des membres de moyenne grosseur. Chez les enfants et les femmes maigres, on peut diminuer cette tension d'un tiers au moins et même de moitié ;

10º Que pour apprécier la tension d'une bande roulée sur un membre destinée au refoulement du sang, il suffit de prendre la longueur de cette bande avec un fil qu'on placerait au dessus des circulaires, et de rechercher sur le tableau correspondant à quel poids correspond l'allongement. Pour mes amputations, je n'emploie que la bande simple en caoutchouc pour la compression totale du membre, et je n'ai jamais constaté qu'elle fût ni plus difficile à appliquer, ni moins efficace que la bande en fil caoutchouc tissé. Il en est de même de la bande qui doit servir à arrêter la circulation et à laquelle je donne journellement la préférence sur le tube, comme étant plus facile à se procurer, et exigeant une moins forte compression ;

11º Qu'il est indispensable de soumettre à une nouvelle étude la longueur à donner aux lambeaux, longueur qui nous paraît devoir être augmentée d'un tiers au moins, surtout pour les amputations sous-périostées.

Nantes. — Imp. Vincent Forest et Émile Grimaud, place du Commerce, 4.

ASSOCIATION FRANÇAISE

POUR L'AVANCEMENT DES SCIENCES

EXTRAIT DES STATUTS ET RÈGLEMENT

VOTÉS PAR L'ASSEMBLÉE GÉNÉRALE DU 27 AOUT 1874.

STATUTS.

ART. 4. — L'Association se compose de membres fondateurs et de membres ordinaires : les uns et les autres sont admis, sur leur demande, par le Conseil.

ART. 5. — Sont membres fondateurs les personnes qui auront souscrit, à une époque quelconque, une ou plusieurs parts du capital social : ces parts sont de 500 francs.

ART. 7. — Tous les membres jouissent des mêmes droits. Toutefois les noms des membres fondateurs figurent perpétuellement en tête des listes alphabétiques, et les membres reçoivent gratuitement pendant toute leur vie autant d'exemplaires des publications de l'Association qu'ils ont souscrit de parts du capital social.

RÈGLEMENT.

ART. 1er. — Le taux de la cotisation annuelle des membres non fondateurs est fixé à 20 francs.

ART. 2. — Tout membre a le droit de racheter ses cotisations à venir en versant une fois pour toutes la somme de 200 francs. Il devient ainsi membre à vie.

La liste alphabétique des membres à vie est publiée en tête de chaque volume, immédiatement après la liste des membres fondateurs.

Les souscriptions sont reçues :

Au Secrétariat, 76, rue de Rennes;

Chez M. Masson, *trésorier*, 17, place de l'École de Médecine.

Les souscriptions des membres fondateurs peuvent être versées en une seule fois, ou en deux versements de chacun 250 francs.

Nantes. — Imp. Vincent Forest et Emile Grimaud, place du Commerce, 4.